Willkommen im Mini-Mini-Land

Figuren aus kleinen Tontöpfen

Marion Berger

Bernhard, der Bürogehilfe

(Abb. Seite 1)

Material
- Tontopf, 4 cm hoch
- Wattekugel, Ø 3 cm
- 2 Wackelaugen, Ø 10 mm
- Moosgummi: gelb, haut, rot, schwarz
- blauer Chenilledraht
- Bastelfarbe: weiß, blau, haut
- Krokodilklammer
- Büroklammern
- schwarzer Fineliner

Den Topf für den Körper blau anmalen, dabei einen Keil für das Hemd weiß gestalten. Die Füße laut Vorlagenbogen aus schwarzem Moosgummi zuschneiden und unterkleben. Die je 4,5 cm langen Arme aus blauem Chenilledraht an den Seiten ansetzen. Die Enden zusammenbiegen, damit Bernhard die Büroklammern und die Krokodilklammer für die „Memos" halten kann. Die Wattekugel für den Kopf mit hautfarbener Bastelfarbe anmalen und an den Körper kleben. Anschließend die aus Moosgummi gefertigte Brille, die Nase, die Haare sowie die Wackelaugen gemäß Abbildung am Kopf fixieren. Zuletzt die hübsche Fliege hinzufügen sowie den Mund und den Knopf mit dem Fineliner ergänzen.

Brauchen Sie mal eine Büroklammer, jemanden der Sie an wichtige Termine erinnert oder einfach jemanden, dem Sie Ihre Sorgen erzählen können? Bernhard ist immer für Sie da!

Impressum:

ISBN: 3-935997-51-5 Best.-Nr.: 97515

Fotos: Peter Wirtz, Dormagen
Styling: Angelika Nowotny
Grafik/Zeichnungen: Daria Broda
Lithos: IMS Integrated Media Solutions GmbH, Köln
Layout/Satz/Bildbearbeitung: Marion Haustein, Dormagen
Druck: Neusser Druckerei und Verlag GmbH

Auflage: 8. 7. 6. 5. 4. 3. 2. 1. Rechte Zahl ist maßgebend.
Jahr: 2006 2005 2004 2003

Vorwort

Mini-Tontopffiguren – klein, handlich, einfach niedlich!
Hier kommen die Kleinsten ganz groß raus.

Ob Dörte, das Deichschaf, Paulchen Pinguin, Mr. Frosty, die friedliebende Vogelscheuche Ferdinand oder das freche Gespenst Gunther – die Minis sind überall heiß geliebt. Als Sammelfigur für den Setzkasten, Mitbringsel, Tischdekoration für die nächste Party oder als Botschafter für kleine Grüße an die Lieben, auf der Fensterbank oder einem Geschenkpaket lassen sich die Mini-Tontopffiguren vielseitig einsetzen.

Lassen auch Sie sich vom Sammel- und Bastelfieber mit den kleinsten Tontöpfchen anstecken.

Viel Freude beim Gestalten wünscht Ihnen

Marion Berger

Marion Berger

Material & Werkzeug

Tontöpfe

Moosgummi

Cutter

Schere

Bleistift

Außerdem:
Filz
Wattekugeln und -eier
Strukturschnee
Wackelaugen
Schaschlikspieß
Kreisschablone

Fun Liner Magic

Bastelkleber,
Heißkleber

Chenilledraht

Bastelfarben

Pinsel

Wattestäbchen

Zahnstocher

So wird's gemacht!

Tontöpfe bemalen

Mit einem flachen Borstenpinsel (Größe 8-10) alle Tontöpfe mit Farbe bemalen. Je nach Deckkraft der Farben die Töpfe vor dem Bemalen mit weißer Farbe grundieren.

Für Feinheiten, wie z.B. bei den Streifen auf dem Pullover der Weihnachtswichtel, einen spitzen Pinsel (Größe 1-2) verwenden. Kleine Punkte (z.B. Lichtreflexe in den Augen) mit der Spitze eines Schaschlikspießes andeuten. Rosa Bäckchen vorsichtig mit einem Wattestäbchen auftupfen.

Schablonen herstellen

Die gewünschten Motivteile vom Vorlagenbogen auf Transparentpapier übertragen.

Das Transparentpapier auf einen Kartonrest kleben und das Motiv ausschneiden. Mit dieser Schablone können Sie nun Moosgummi- oder Tonkarton-Details für die Tontopf-Figürchen herstellen.

Figürchen zusammensetzen

Das Grundgerüst jeder Figur besteht aus einem bemalten Tontopf (Höhe 3 oder 4 cm), an dem die Details wie Wattekugelkopf, Filzärmel, Halbperl-Augen oder auch Styroporfüße befestigt werden. Zum Kleben wurde UHU-Bastelkleber verwendet.

Bunte Zirkuswelt

Seehund Robbi

Material

- Tontopf, 3 cm hoch
- Wattekugel, Ø 2,5 cm
- schwarze Halbperle, Ø 5 mm
- Bastelfarbe: weiß, rosa, hellblau
- hellblaues Moosgummi
- schwarzer Fineliner

Material für die Podeste

- 2 Tontöpfe, 3 cm hoch
- Moosgummi: weiß, pink
- Bastelfarbe: weiß, gelb, rot, lila, grün

Zu Beginn den Topf und die Wattekugel hellblau kolorieren und zusammenkleben. Die Vorderflossen, die Schwanzflosse und die Schnauze aus Moosgummi schneiden und am Seehund fixieren. Die schwarze Halbperle als Nase aufkleben. Mit einem Schaschlikspieß einen kleinen rosafarbenen Punkt als Mund unter die Schnauze setzen und die Augen mit dem Fineliner aufmalen.

Zum Bemalen der Podeste können Sie beliebige Farben verwenden. Die kleine Öffnung des Topfes abschließend mit einem 2 cm großen Moosgummikreis abkleben.

Manege frei – hereinspaziert!

Clown Pit

Material

- Tontopf, 4 cm hoch
- Watte-Ei, 30 x 38 cm
- 1/2 Wattekugel, Ø 12 mm
- Bastelfarbe: weiß, haut, blau, rot
- hautfarbenes Moosgummi
- gelber Filz
- roter Chenilledraht
- Styropor-Hände und -Füße
- 2 Holzstäbchen, 5 mm x 35 mm
- grüner Pompon, Ø 7 mm
- gelbes Satinband, 5 mm breit, 10 cm lang
- buntes Karo-Schleifenband, 5 cm lang
- schwarzer Fineliner

Den Tontopf blau, die Hände und den Watte-Ei-Kopf hautfarben sowie die Füße schwarz gestalten. Die Ohren aus hautfarbenem Moosgummi am Kopf fixieren. Mit roter und weißer Bastelfarbe sowie schwarzem Fineliner das Gesicht und die Ohrkonturen aufmalen. Anschließend die Haare aus rotem Chenilledraht und die halbe rot bemalte Wattekugel als Nase am Kopf ankleben. Die Holzstäbchen für die Arme vorsichtig in die Styroporhände stecken und mit gelben Filzärmeln umkleben.

Zuletzt die Arme, die Schleife, den Pompon und die Füße laut Abbildung am Clown befestigen.

Leonhard Löwe

(Material und Anleitung siehe Seite 8)

Im Hühnerstall

Material
- je 1 Tontopf: 3 cm und 4 cm hoch
- Wattekugel: Ø 2,5 cm, Ø 3 cm
- je 2 Wackelaugen Ø 8 mm, Ø 10 mm
- Moosgummi: weiß, orange, rot

Zu Beginn die Tontöpfe weiß bemalen. Aus Moosgummi weiße Flügel, Schwanzfedern und Kragen, orangefarbene Füße und Schnäbel, sowie rote Kämme und Kehlsäcke schneiden. Alle Moosgummiteile laut Abbildung am Kopf und am Körper befestigen. Der Schnabel besteht aus zwei unterschiedlich großen Teilen, wobei das kleine auf das große gesetzt wird. Zwei lustige Wackelaugen vervollständigen den Kopf, der nun auf den Körper geklebt wird.

Leonhard Löwe

(Abb. Seite 7)

Material
- Tontopf, 3 cm hoch
- Wattekugel: Ø 3 cm, Ø 1 cm
- orangefarbenes Moosgummi
- gelber Chenilledraht
- gelber Filz
- schwarze Perle, Ø 5 mm
- Bastelfarbe: weiß, gelb
- schwarzer Fineliner

Zunächst den Tontopf und die Wattekugeln gelb gestalten. Die große Kugel als Kopf auf den Topf kleben. Die kleine Wattekugel vorsichtig mit dem Cutter halbieren und beide Hälften nebeneinander am Kopf befestigen. Als Nase dient eine kleine schwarze Perle. Die Füße und die Ohren aus Moosgummi, das Brustfell aus Filz fertigen. Für die Löwenmähne den gelben Chenilledraht vorbiegen und alle Teile laut Abbildung ankleben. Zum Schluss mit dem Fineliner die Augen, die Ohren und die Füße ergänzen.

Dörte, Daisy & Dagmar

Material

- 3 Tontöpfe, 4 cm hoch
- 3 Watte-Eier, 30 x 38 mm
- Bastelfarbe: weiß, haut
- hautfarbenes Moosgummi
- 6 ovale Wackelaugen, Ø 10 mm
- weißer Fun Liner Magic
- lila Blümchen, Ø 1 cm
- schwarzer Fineliner

Zunächst die Tontöpfe weiß bemalen. Anschließend mit kreisenden Bewegungen den weißen Fun Liner Magic dick auftragen. Der hautfarbene Wattekopf erhält ebenfalls ein Fun-Liner-Wollmützchen. Nach ausreichender Trockenzeit (siehe Herstellerangaben) die Farbe für 10 - 60 Sekunden bei 150 °C im Backofen aufschäumen. Aus Moosgummi die Ohren und die Füße fertigen und diese mit den Wackelaugen an den Köpfen bzw. den Körpern fixieren. Die Köpfe mit Heißkleber an den Körpern befestigen. Mit dem schwarzen Fineliner die Ohrinnenflächen andeuten und ein Lächeln in die Gesichter zaubern.

Abschließend nach Belieben ein Blümchen im Mundwinkel fixieren.

Maus (Abb. Seite 13)

Material

- Tontopf, 3 cm hoch
- Watte-Ei, 30 x 38 mm
- schwarze Halbperle, Ø 1,2 cm
- Moosgummi: weiß, grau, dunkelgrau, schwarz
- Bastelfarbe: weiß, rosa, schwarz
- schwarzer Fineliner

Die grau gestaltete Wattekugel und den Tontopf aufeinander kleben und mit hellgrauen Moosgummi-Ohren und -Füßen ergänzen. Einen schwarzen Schwanz und dunkelgraue Haare aus Moosgummi an der Maus fixieren. Mit dem Fineliner die Augen, den Mund und die Zehen laut Abbildung aufzeichnen. Die Ohrinnenfläche sowie kleine Bäckchen mit rosa Bastelfarbe gestalten. Die Lichtreflexe in den Augen und das Bäuchlein weiß aufmalen. Zuletzt die Halbperle als Nase und einen weißen Moosgummizahn ankleben.

Hund, Katze, Maus...

Hund

Material

- je 1 Tontopf: 3 cm und 4 cm hoch
- Moosgummi: hellbraun, braun, dunkelbraun
- schwarze Halbperle, Ø 1,2 cm
- Bastelfarbe: weiß, dunkelbraun
- schwarzer Fineliner

Die terrakottafarbenen Tontöpfe mit Bastelkleber aufeinander kleben. Mit Farbe kleine dunkelbraune Fellflecken und weiße Augen aufmalen. Aus hellbraunem Moosgummi die Haare, aus braunem Moosgummi die Schnauze und den Hinterkopf sowie aus dunkelbraunem Moosgummi die Ohren, die Füße und den Schwanz laut Vorlagenbogen schneiden. Alle Moosgummiteile entsprechend der Abbildung am Hund fixieren. Die Halbperle als Nase befestigen und mit dem Fineliner die Pupillen sowie die Schnauze ergänzen.

Maus

(Material und Anleitung siehe Seite 10)

Katze

Material

- Tontopf, 4 cm hoch
- Wattekugel, Ø 4 cm
- 2 ovale Wackelaugen, Ø 1,2 cm
- schwarze Halbperle, Ø 1,2 cm
- Moosgummi: rosa, grau, schwarz
- schwarzer Chenilledraht
- grauer Filz
- Rundholz: Ø 0,5 cm, 9 cm lang
- Bastelfarbe: rosa, schwarz
- schwarzer Fineliner

Zunächst den Topf, die Wattekugel und das Rundholz mit schwarzer Bastelfarbe bemalen. Aus schwarzem Moosgummi zwei Ohren und einen Kragen schneiden. Den Kragen auf die kleine Öffnung des Tontopfes kleben. Durch die Öffnung das Rundholz führen. Auf das herausragende Rundholzstück die Wattekugel stecken, sodass ein ca. 1 cm langer Hals verbleibt. Die Zunge aus rosa und die Schnauze aus grauem Moosgummi schneiden. Die Ohrinnenflächen mit rosafarbener Bastelfarbe bemalen. Auf der Schnauze mit dem Fineliner Bartstoppeln andeuten.

Die Ohren, die Schnauze, die Halbperle sowie die Wackelaugen am Kopf befestigen. Die Brust ziert ein graues Bauchfell aus Filz. Abschließend aus Chenilledraht ein 8 cm langes Schwänzchen und zwei kleine Füße biegen und an der Katze fixieren.

Alle meine Entchen

Material

- 3 Tontöpfe, 3 cm hoch
- 3 Wattekugeln, Ø 2,5 cm
- 6 ovale Wackelaugen, Ø 10 mm
- orangefarbenes Fimo
- orangefarbene Kordel, Ø 5 mm, je 10 cm lang
- 6 Holzfüße, 20 x 25 cm
- gelbes Moosgummi
- Bastelfarbe: gelb, orange

Die Tontöpfe sowie die Wattekugeln gelb und die Holzfüße orange bemalen.

Aus Fimo die Schnäbel modellieren und laut Herstellerangabe im Backofen härten. Die Wattekugelköpfe auf die Körper kleben. Die Flügel und die Haare gemäß Vorlagenbogen aus Moosgummi schneiden und mit den Schnäbeln und Augen an den Enten befestigen. Die Kordel in die Öffnung der Füße kleben. Die Kordelmitte mit Heißkleber von unten innerhalb der Tontöpfe fixieren.

Froschkonzert

Material

- 3 Tontöpfe, 3 cm hoch
- 3 Wattekugeln, Ø 3 cm
- 6 Wackelaugen, Ø 15 mm
- grüne Kordel, Ø 5 mm, je 15 cm lang
- grünes Moosgummi
- Bastelfarbe: rot, grün
- schwarzer Fineliner

Zu Beginn mit dem Cutter einen Keil für das Maul in die Wattekugeln schneiden. Die Kugeln und die Tontöpfe grün kolorieren. Die Lippen rot ausmalen und die Wackelaugen an den Köpfen fixieren.

Nun die Köpfe und die Körper zusammenkleben. Die Arme, Hände und Füße laut Vorlagenbogen aus Moosgummi schneiden. Die Kordel von unten in die Töpfe geklebt als Beine nutzen und die Füße daran befestigen. Zum Schluss die Arme und Hände am Körper fixieren.

Glücksboten

Käferchen

Material

- Tontopf, 3 cm hoch
- hautfarbene Moosgummikugel, Ø 3 cm
- Moosgummi: rot, schwarz
- 2 rote Holzperlen, Ø 0,8 cm
- Bastelfarbe: rot, schwarz
- schwarzer Fineliner
- schwarzer wasserfester Farbstift
- Zahnstocher

Den Gesichtsauschnitt und das Gesicht mit dem Fineliner aufzeichnen. Den Rest des Kopfes sowie den Tontopf mit schwarzer Bastelfarbe anmalen. Nach dem Trocknen den Kopf und den Topf zusammenfügen. Anschließend laut Vorlagenbogen die Füße und die Flügel aus Moosgummi schneiden. Die schwarzen Punkte mit dem Farbstift auf die Flügel malen. Nun die Flügel und die Füße am Körper befestigen. Den Zahnstocher halbieren, schwarz kolorieren und die roten Holzperlen an den Enden befestigen. Die Fühler in den Kopf stecken. Rote Bäckchen und eine kleine Moosgummi-Nase vervollständigen den Glückskäfer.

Schweinchen

(Material und Anleitung siehe Seite 18)

Schornsteinfeger

Material

- Tontopf, 3 cm hoch
- Wattekugel, Ø 2,5 cm
- schwarzer Chenilledraht
- Moosgummi: weiß, gelb, grün
- Fliegenpilz, 1,5 cm hoch
- Zylinder, Ø 2 cm
- Bastelfarbe: haut, schwarz
- schwarzer Fineliner

Den Tontopf schwarz, die Wattekugel hautfarben kolorieren. Beide Teile zusammenfügen und am Hinterkopf schwarze Haare aufmalen. Das Gesicht laut Abbildung mit Fineliner aufzeichnen. Weiße Bastelfarbe mit der Spitze eines Zahnstochers als Glanzpunkte in die Augen setzen. Aus Moosgummi ein Kleeblatt, eine Fliege und ein Hufeisen schneiden und diese mit den je 2,5 cm langen, leicht gebogenen Chenilledraht-Armen und dem Fliegenpilz am Körper befestigen. Abschließend den Zylinder auf dem Kopf fixieren.

Ob zur bevorstehenden Klassenarbeit, der Fahrprüfung oder zu Neujahr – Glücksbringer sind überall und zu jeder Zeit gern gesehen.

Paulchen Pinguin & Co.

Material

- Tontopf, 3 cm hoch
- hautfarbene Moosgummikugel, Ø 3 cm
- Moosgummi: orange, schwarz
- Bastelfarbe: weiß, rot, schwarz
- schwarzer Fineliner

Zunächst das Gesicht des Pinguins mit dem Fineliner auf die Moosgummikugel zeichnen. Den Hinterkopf und den Tontopf schwarz bemalen. Den Bauch weiß gestalten. Den Kopf auf den Topf kleben. Aus orangem Moosgummi den Schnabel und die Füße laut Vorlagenbogen zuschneiden. Die Flügel und den Haarschopf aus schwarzem Moosgummi fertigen und alle Moosgummiteile am Pinguin befestigen. Das kleinere Schnabelteil liegt auf dem großen. Mit dem Fineliner die Augen aufmalen und mit einem Wattestäbchen vorsichtig rote Bäckchen auftupfen.

Schweinchen

(Abb. Seite 16)

Material

- Tontopf, 3 cm hoch
- hautfarbene Moosgummikugel, Ø 3 cm
- rosa Moosgummi
- Bastelfarbe: weiß, rosa, pink, schwarz
- schwarzer Fineliner

Zunächst den Tontopf und die Wattekugel rosa bemalen und nach dem Trocknen zusammenkleben. Die Moosgummi-Nase und -Ohren am Kopf fixieren. Nun Schmutzflecken mit schwarzer Bastelfarbe auf Kopf und Körper malen. Die Augen, die Schnauze und die Nase mit dem Fineliner ergänzen. Zum Schluss vorsichtig mit einem Wattestäbchen pinkfarbene Bäckchen auftupfen.

Ferdinand Vogelscheuche

Material

- je 1 Tontopf: 4 cm und 6 cm hoch
- Styroporkugel: Ø 3,5 und 4,5 cm
- Moosgummi: haut, gelb
- Bastelfarbe: haut, orange, blau, braun, schwarz
- Filz: gelb, rot, hellgrün, grün, hellblau
- 2 Wackelaugen, Ø 12 mm
- 2 Holzschuhe, 28 x 40 cm
- Sonnenblume, Ø 5 cm
- schwarzer Chenilledraht
- hellbrauner Bast
- schwarzer wasserfester Stift

Für den Hut den kleinen Tontopf zunächst gelb bemalen. Vom Vorlagenbogen die Hutkrempe auf Moosgummi übertragen, ausschneiden und mit dem Farbstift das Flechtmuster aufmalen. Die große Styroporkugel für den Kopf hautfarben kolorieren. Die Nase und das Ohr aus Moosgummi gefertigt am Kopf fixieren. Nun die Wackelaugen ankleben sowie den Mund und die Ohrkontur mit dem schwarzen Stift aufmalen.

Den großen Topf blau gestalten und zwei blaue Ärmel sowie zwei grüne Hosenbeine aus Filz daran befestigen. In die Ärmelenden kleine Baststücke und in die Hosenbeinöffnungen Chenilledrähte kleben. Die Holzfüße braun und von unten schwarz bemalen. Die Füße nun an den Chenilledrähten befestigen.

Anschließend den Kürbiskopf aus der orange kolorierten Styroporkugel und grünen Filzblättern fertigen. Das Kürbisgesicht mit dem schwarzen Farbstift aufmalen.

Nun alle Einzelteile laut Abbildung zusammensetzen. Dabei einige Baststücke zwischen Kopf und Körper kleben. Flicken aus bunten Filzresten schneiden und am Körper und auf der Hose fixieren. Einige Nähstiche mit dem schwarzen Stift aufzeichnen. Zum Schluss die Sonnenblume an der Vogelscheuche anbringen.

Zum Vögel-Erschrecken eignet sich Ferdinand nicht allzu gut. Auf Ihrer Fensterbank würde er sich jedoch bestimmt sehr wohl fühlen.

Happy Halloween

Toni Teufel

Material

- Tontopf, 4 cm hoch
- Wattekugel, Ø 3,5 cm
- Moosgummi: rot, schwarz
- Bastelfarbe: weiß, rot
- schwarzer Chenilledraht
- schwarzer Fineliner

Bemalen Sie den Tontopf und die Wattekugel rot. Nun aus schwarzem Moosgummi die Arme und die Füße, aus rotem Moosgummi die Hörner, Ohren sowie die Nase schneiden und alle Einzelteile zusammenkleben.

Für die Haare einen 3,5 cm langen schwarzen Chenilledraht leicht vorbiegen und vor den Hörnern am Kopf befestigen. Mit dem Fineliner das Gesicht und die Ohrenkonturen aufmalen. Abschließend mit weißer Bastelfarbe Lichtreflexe in die Augen tupfen.

Gespenst Gunther

Material

- Tontopf, 3 cm hoch
- Wattekugel, Ø 3 cm
- weißes Moosgummi
- roter Filz
- schwarzer Fineliner

Die Wattekugel auf dem weiß bemalten Tontopf fixieren und mit Fineliner das Gesicht aufmalen. Die Moosgummi-Arme gemäß Vorlagenbogen ausschneiden und an den Körper kleben. Nun aus rotem Filz einen kleinen Flicken auf dem Gespenstergewand ergänzen. Abschließend mit dem Fineliner die Nähte auf dem Flicken andeuten.

Fritz Fledermaus

Material

- Tontopf, 3 cm
- Wattekugel, Ø 3 cm
- schwarze Halbperle, Ø 5 mm
- schwarzes Moosgummi
- Bastelfarbe: weiß, schwarz
- schwarzer Fineliner

Den Tontopf schwarz bemalen und trocknen lassen. Mit dem Fineliner die Gesichtskontur auf der Wattekugel einzeichnen und den Hinterkopf ebenfalls schwarz bemalen. Vom Vorlagenbogen die Flügel und Ohren auf Moosgummi übertragen und ausschneiden. Alle Teile laut Abbildung zusammenkleben und mit dem Fineliner das Gesicht aufmalen. Eine schwarze Halbperle bildet die Nase. Die gefährlichen Zähne erhalten ihren Glanz durch weiße Bastelfarbe.

Gunther, Fritz &
Toni dürfen bei keiner
Halloween-Party
fehlen!

Es weihnachtet sehr

Weihnachtswichtel

Material

- 2 Tontöpfe, 3 cm hoch
- 2 Wattekugeln, Ø 2,5 cm
- 4 schwarze Halbperlen, Ø 0,5 cm
- hautfarbenes Moosgummi
- 4 Holzfüße, 10 x 14 mm
- Filz: weiß, rot
- Bastelfarbe: weiß, rot, rosa, haut, grün
- wasserfester roter Farbstift
- schwarzer Fineliner

Die Tontöpfe weiß grundieren und nach dem Trocknen mit grüner Farbe die Hosen aufmalen. Die Holzfüße ebenfalls grün gestalten. Mit einem feinen Spitzpinsel aufgetragene rote Querstreifen bilden die Ringel der Pullover. Die Wattekugeln als Köpfe hautfarben kolorieren und nach dem Trocknen auf die Körper kleben. Nun erhalten die Wichtel aus Moosgummi Ohren und Nasen sowie je eine rote Filzmütze. Diese wird, wie auch die weißen Filzärmel, aus Halbkreisen gedreht. In die Öffnungen der Ärmel die Moosgummihände kleben.

Die Gesichter mit dem schwarzen Fineliner aufmalen. Die Zungen mit roter und die Wangen mit rosa Bastelfarbe hervorheben. Für die Beine je ein Stück weißen Filz über die Länge zusammenklappen, verkleben und in die Löcher der grünen Holzfüße stecken. Die Streifen mit dem wasserfesten roten Stift aufmalen und die Beine von innen am Tontopf fixieren. Zuletzt die Wichtel mit roten Filzfliegen und den Halbkugeln als Knöpfe schmücken.

Die kleinen Wichtel sind bereits fleißig mit den Weihnachtsvorbereitungen beschäftigt.

Engelszauber

Material

- 3 Tontöpfe, 3 cm hoch
- 3 Wattekugeln, Ø 2,5 cm
- Engelshaar
- 6 Federn
- weiße Zackenlitze, 13 cm lang
- goldene Alusternchen
- Bastelfarbe: perlmuttweiß, haut, rosa
- Fineliner: rot, schwarz

Die Tontöpfe mit perlmuttweißer, die Wattekugeln mit hautfarbener Bastelfarbe bemalen. Die Kugeln und Töpfe zusammensetzen. Mit dem Fineliner und rosa Farbe das Gesicht zeichnen. Für einen lebendigeren Blick die weißen Lichtreflexe mit Farbe in die Augen tupfen. Nun das Engelshaar, die Alusternchen und bei einem der Engel die Zackenlitze am unteren Topfrand aufkleben. Zuletzt die Federn als Flügel am Rücken befestigen.

Tannenbaum

Material

- je 1 Tontopf: 3, 4 und 5 cm hoch
- Wattekugel, Ø 1,2 cm
- Moosgummi: gelb, rot, blau
- Bastelfarbe: weiß, rot, grün
- Goldkordel
- schwarzer Fineliner

Die Tontöpfe aufeinander kleben und grün bemalen. Die kleine Wattekugel, ebenfalls grün koloriert, als Nase am Baum fixieren. Den Mund und die Augen mit dem schwarzen Fineliner aufmalen. Mit weißer Bastelfarbe die Lichtreflexe in den Augen und mit roter Farbe die Zunge ergänzen.

Nun an der unteren Kante des mittleren Tontopfes die Goldkordel fixieren. Dafür 8 cm lange Stücke von oben nach unten als Schlaufe legen und im Abstand von 3 cm oben eine neue Kordel ansetzen.

Kleine bunte Moosgummikreise als Kugeln über den ganzen Baum verteilen. Ein gelber Moosgummistern auf der Spitze bildet den Abschluss.

Die 3 vom Nordpol

Rudolph Rentier

Material

- je 2 Tontöpfe: 3 und 4 cm hoch
- 1 Wattekugel, Ø 0,5 cm
- 12 Goldperlen, Ø 3 mm
- Moosgummi: hellbraun, braun, dunkelbraun
- grüner Wollfaden
- Bastelfarbe: weiß, rot, rosa, creme
- schwarzer Fineliner

Die Tontöpfe in ihrem Naturfarbton belassen und laut Abbildung aufeinander kleben. Die Topföffnungen an den Köpfen mit einer Schnauze und einem Hinterkopf samt Ohren aus braunem Moosgummi verdecken. Hierbei gleichzeitig die Geweihe aus hellbraunem Moosgummi festkleben. Den grünen Wollfaden um die Schnauze binden, verknoten, das längere Ende nach hinten um den Kopf führen und vorne wiederum mit einem Knoten fixieren. Kleine Goldperlen als Glöckchen am Zaumzeug befestigen. Die Wattekugel halbieren, die Hälften rot bemalen und jeweils auf die Schnauzen kleben. Das Fell der Rentiere im Brustbereich mit cremefarbener Bastelfarbe aufhellen. Nun aus dunkelbraunem Moosgummi die Haare und die Füße schneiden und am Körper befestigen. Zum Schluss die Gesichter laut Abbildung mit Bastelfarbe und dem Fineliner aufmalen.

Weihnachtsmann

Material

- Tontopf, 4 cm hoch
- Wattekugeln: Ø 3 cm und Ø 1 cm
- Styroporkugel, Ø 4 cm
- hautfarbenes Moosgummi
- 2 Holzfüße, 20 x 25 mm
- Filz: weiß, rot
- schwarzes Satinband: 0,5 cm breit, 15 cm lang
- Bastelfarbe: weiß, rot, rosa, haut, schwarz
- Schaschlikspieß
- Strukturschnee
- schwarzer Fineliner

Zunächst die große Wattekugel hautfarben kolorieren. Anschließend die Styropor- und die kleine Wattekugel rot bemalen. Den Schaschlikspieß rot/weiß gestreift und den Tontopf rot mit einem weißen Rand gestalten. Die Holzfüße schwarz anmalen. Der weiße Rand des Tontopfes erhält mit Strukturschnee sein flauschiges Aussehen. Den Kopf auf dem Topf fixieren.

Nun den Bart aus weißem Filz schneiden. Aus rotem Filz die Ärmel und die Mütze drehen und mit einer weißen Filzborte versehen. Die Mütze, den Bart und die kleine Wattekugel als Nase am Kopf sowie die Ärmel mit Moosgummihänden und das Satinband als Gürtel am Tontopf befestigen. Die Styroporkugel von unten in den Topf stecken.

Vom Schaschlikspieß zwei 4 cm lange Stücke als Beine abtrennen und diese in den Holzfüßen festkleben. Die Beine nun in die Styroporkugel stecken. Zum Schluss das Gesicht mit rosa Bäckchen, Augen und Mund versehen.

Die Rentiere sind trotz modernster Technik auch in diesem Jahr wieder im Einsatz. Heute geht es mit dem Weihnachtsmann auf Trainingsfahrt.

„Marsix ärgert nix!“

(Abb. Seite 32)

Für ein komplettes Spiel benötigen Sie 12 Figuren (je 3 pro Farbe) und einen Würfel. Gespielt wird nach den bekannten „Mensch ärgere dich nicht“-Regeln.

Marsianer

Material

- 12 Tontöpfe, 3 cm hoch
- 12 Watte-Eier, 30 x 38 cm
- 24 Schrauben
- Bastelfarbe: gelb, rosa, rot, lila, mint
- Moosgummi: gelb, rosa, lila, mint
- selbstklebende Hologrammfolie
- 24 Wackelaugen, Ø 10 mm
- schwarzer Fineliner

Zunächst die Tontöpfe und Watte-Eier zusammenkleben und in der jeweiligen Spielfigur-Farbe kolorieren. Nach dem Trocknen der Farbe die Augen, die Nasen und je ein 1,5 x 2 cm großes Stück Hologrammfolie aufkleben. Mit dem Fineliner einen welligen Mund und mit rosa Farbe die Bäckchen aufmalen. Zuletzt die Schrauben als Antennen eindrehen.

(Fortsetzung Seite 32)

Mr. Frosty

Material

- 2 Tontöpfe, 4 cm hoch
- 2 Wattekugeln, Ø 3 cm
- 4 Wattekugeln, Ø 1,5 cm
- 4 ovale Wackelaugen, Ø 10 mm
- Filz: rosa, blau
- oranges Fimo
- Zylinder, Ø 3 cm
- 4 Halbperlen, Ø 5 mm
- Strukturschnee
- Bastelfarbe: weiß, schwarz

Die Wattekugeln und die weiß bemalten Tontöpfe zu einem Schneemann zusammenkleben und alles mit Strukturschnee betupfen. Nach dem Trocknen den Zylinder, die Wackelaugen und die Halbperlen laut Abbildung ergänzen.

Die Nasen aus orangefarbener Fimomasse modellieren und gemäß Herstellerangaben im Backofen härten. Anschließend die Nasen in die Gesichter kleben und mit schwarzer Bastelfarbe die Münder aufmalen. Zum Schluss aus Filz je einen 1,5 x 20 cm langen Schal fertigen und den Schneemännern wärmend um den Hals binden.

SNO-SKI
SNO-SKI

„Marsix ärgert nix!“

Spielbrett

Material

- Sperrholzplatte, 42 x 42 cm, 5 mm stark
- Tonkarton: weiß, gelb, rosa, mint, lila
- Hologrammfolie
- rote Bastelfarbe
- schwarzer Farbstift

Das Spielbrett mit roter Bastelfarbe bemalen. Aus Tonkarton 20 weiße und je 7 farbige Spielfelder ausschneiden, mit einem schwarzen Farbstift die Umrandung verstärken und gemäß der Vorlage auf dem Spielbrett anordnen. Ein schwarzer Pfeil auf den farbigen Startfeldern markiert die Laufrichtung. Der Stern aus Hologrammfolie komplettiert das außerirdische Spielgeschehen.

Marsianer

(Material und Anleitung siehe Seite 30)